MILLIONALLY

MILLIONALLY

MILLIONALLY

MILLIONALLY

 MILLIONALLY

CONTENUTI

Introduzione

Perché le affermazioni sono importanti per le finanze

Come utilizzare affermazioni in modo efficace per il milionario

Come iniziare

Affermazione della mentalità milionaria

Affermazione della determinazione del reddito

Affermazione di attrazione

Affermazioni come magnete per i contanti

Reclamo facile

Conclusione

MILLIONALLY

 MILLIONALLY

Introduzione

Le persone ricche pensano in modo diverso rispetto alle classi medie e povere, in tutti gli aspetti della vita, ma soprattutto quando si tratta di soldi. Le persone ricche pensano e agiscono in un determinato modo, che porta loro ad avere un atteggiamento di ricchezza, credibilità e posizioni di ricchezza versoi prodotti.

Con questi nuovi atteggiamenti arrivano nuove opzioni e consecutivamente questo produrrà una cascata di opportunità per loro, dove otterranno ricchezza in ogni momento, grazie alle loro molteplici fonti di reddito.

 MILLIONALLY

Perché le affermazioni sono importanti per le finanze

Potenziamento

Le affermazioni sono pensieri in cui un individuo parla a se stesso ed iniziano a produrre potenti effetti sul subconscio.

Queste visualizzazioni sono considerate "credibili" e collocate nell'area del subconscio che ha a che fare con il potere di migliorare la capacità di usare particolari ricordi potenti con meno lavoro.

Attraverso queste immagini speciali, una persona può sviluppare strumenti interni per pensare al denaro in modo diverso, lasciando

ricordi e immagini da trasportare nel presente, dove vengono utilizzati per migliorare il modo in cui vedi i soldi; il che è cruciale per le finanze e il loro miglioramento.

Perché abbiamo bisogno di affermazioni per l'empowerment finanziario? Alcuni credono che questi pensieri e benefici dell'autocomunicazione siano false credenze e non esistano, ma il subconscio, invece, riconosce dove si trovano e li reindirizzaper aumentare il successo delle finanze e nella vita.

Queste forme di affermazione/ suggerimento sono delle guide dei nuovi tratti neurali nella mente, migliorando la capacità di "giocare" con queste immagini fresche e potenti. Le visualizzazioni tossiche relative alla negatività, alla debolezza, alla carenza dell'iniziativa, alle immagini di oggetti fragili e alla capacità di sviluppare e elaborare un piano di azione finanziaria sono limitanti.

 MILLIONALLY

Quando la mente scopre di aver sentito nuove affermazioni del parlare di sé, il subconscio lo vede come "tangibile".

Probabilmente hai osservato un elemento comune in coloro che sono ricchi, nelle finanze e nella vita. Questi vincitori e persone di successo tendono ad essere entusiasti e gelosi, in tutti gli aspetti della loro vita. Questa viziosa esuberanza tende a infettare tutti coloro con i quali l'individuo di successo interagisce. Un atteggiamento positivo e il potere di trasformare tale atteggiamento in risultati è cruciale per cogliere nuove opportunità, acquisire le migliori decisioni finanziarie e lavorare con la definizione degli obiettivi, sia nel mondo degli affari che nella vita.

Come puoi vedere, un atteggiamento positivo è una risorsa preziosa, indipendentemente da dove ti trovi nel mondo finanziario. Ciò significa che devi prendere l'abitudine di esercitare affermazioni positive regolari. Fare affermazioni positive come parte della tua funzione quotidiana è un ottimo modo per alterare i tuoi pensieri e aiutarti ad avere più successo finanziario.

Non è mai troppo tardi per iniziare questo ciclo di affermazioni positive e anche coloro che hanno appena avviato un piano finanziario possono beneficiare di un atteggiamento positivo. Anche se la tua posizione sembra insignificante e non sei ancora ricco, è fondamentale mostrare un atteggiamento positivo e non lasciare che la negatività si insinui per derubarti del tuo entusiasmo. Ricorda che alcune delle persone più ricche e gli imprenditori sono partiti dal basso. È davvero possibile passare da un piccolo conto bancario ad essere ricco, ma senza affermazioni positive e un atteggiamento vittorioso, questo passaggio non sarà possibile.

Le affermazioni positive costanti sono estremamente cruciali per coloro che vogliono ottenere l'empowerment finanziario. Guadagnare ricchezza non è mai semplice, ma è fondamentale ricordare che chi ti circonda, dalle persone con cui socializzi ai clienti e concorrenti, sente il tuo atteggiamento e lo usa come segnale. Se ti lamenti costantemente della mancanza di denaro e della carenza nel saper diventare ricchi, le persone intorno a te saranno meno che eccitate. Se, d'altra parte, fornisci costantemente affermazioni positive a te stesso e alle persone intorno a te, anche nei momenti più difficili, vedranno la tua esuberanza, impareranno da essa e la useranno come un segnale per lavorare di più e aiutareper sviluppare la tua ricchezza. Si tratta in realtà di essere proattivi e portare a affermazioni positive che possono aiutare il tuo potenziamento finanziario.

 MILLIONALLY

Come utilizzare affermazioni in modo efficace per il milionario

Mentalità

Le affermazioni sono semplici da creare e utilizzare, ma è necessaria dedizione per farle funzionare. Ecco alcuni suggerimenti per aiutarti a sfruttare al meglio questi potenti strumenti per generare nuove ricchezze.

Le affermazioni funzionano....Ma devono essere usate correttamente

Le autoaffermazioni sono affermazioni o pensieri positivi che possono condizionare il subconscio in modo da poter sviluppare una percezione più positiva di te stesso e di come

vedi la ricchezza. Le affermazioni possono aiutarti a cambiare i comportamenti avversi o raggiungere l'empowerment finanziario e possono anche aiutare ad annullare il danno causato da pensierinegativi, quelle cose che ripetutamente diciamo a noi stessi o che altri ci dicono ripetutamente e si aggiungono a un auto-percezione negativa e visione del denaro in scarsità.

Considera i tuoi attributi positivi. Fai un bilancio su di te elencando le tue migliori qualità, abilità o proprietà. Sei parsimonioso? Bilanci bene i tuoi soldi? Se rispondi a queste risposte in senso affermativo usando il presente: "Sono parsimonioso", per esempio, o "Sono un buon budget", queste affermazioni sono affermazioni di chi sei. Raramente ruotiamo attorno a cose che sinceramente ci piacciono di noi stessi, ma invece scegliamo di pensare alle cose che vorremmo modificare. Un elenco ti aiuterà a interrompere quel ciclo e l'utilizzo di queste dichiarazioni per aiutarti ad apprezzare chi

sei ti darà la sicurezza di cui hai bisogno per accettare le tue richieste di potere finanziario.

Considera quali script negativi desideri neutralizzare o quali obiettivi finanziari positivi desideri raggiungere. Le affermazioni possono essere molto utili nel contrastare le percezioni negative che hai acquisito sulle tue capacità di gestire o attrarre denaro. Le affermazioni possono anche aiutarti a raggiungere obiettivi finanziari specifici, come l'acquisto di una casa o una nuova auto. Fai un elenco dei tuoi obiettivi o percezioni di te avverse che vorresti modificare.

Dai la priorità al tuo elenco di problemi su cui dovresti lavorare. Potresti scoprire di avere molti obiettivi o di avere diverse affermazioni. È meglio, tuttavia, usareun paio di affermazioni alla volta, quindi scegli quelle più cruciali o più urgenti e lavora prima con esse. Quando vedi miglioramenti in quelle aree o raggiungi tali obiettivi, puoi

esprimere nuove affermazioni per altri elementi del tuo elenco.

Scrivi le tue affermazioni. Usa affermazioni positive solo come contro-scritture o aggiungi altre affermazioni per modellare il tuo comportamento con e sul denaro in futuro. Le dichiarazioni che userete per modellare i cambiamenti futuri dovrebbero seguire la stessa forma. Devono iniziare con " io " ed essere concise, chiare e positive. Esistono due forme di dichiarazioni previsionali che è possibile utilizzare per raggiungere gli obiettivi:

• Le dichiarazioni " Io posso " sono dichiarazioni che affermano il fatto che puoi raggiungere i tuoi obiettivi. Ad esempio, se vuoi guadagnare $ 1.000.000 al mese, una dichiarazione come "Posso guadagnare $ 1.000.000 al mese" è un buon inizio. Diversi esperti raccomandano di evitare qualsiasi forma di connotazione negativa.

 MILLIONALLY

- Le dichiarazioni " Sì, lo farò " sono dichiarazioni che affermano che oggi userete veramente la vostra capacità per raggiungere il vostro obiettivo. Quindi, seguendo l'esempio sopra, puoi dire: "Farò$ 1,000,000 questo mese". Ancora una volta, devi usare un linguaggio positivo ed esprimere chiaramente ciò che farai oggi per raggiungere l'obiettivo a lungo termine dell'empowerment finanziario e ricchezza.

Confronta alcuni dei tuoi attributi positivi con i tuoi obiettivi. Quale dei personaggi positivi ti aiuterà a raggiungere i tuoi obiettivi? Ad esempio, se si tratta di modi per attenersi a un budget, potrebbe essere necessaria forza di volontà o coraggio. Seleziona affermazioni per supportare ciò di cui avrai bisogno.

Rendi visibili i tuoi replay in modo da poterli usare. La ripetizione è la chiave per

affermazioni efficaci. Prendi in considerazione le tue affermazioni più volte al giorno e continuamente, se necessario.

Procedi usando le tue affermazioni. Più affermi qualcosa, più fermamente la tua mente lo accetterà. Se stai cercando di raggiungere un obiettivo a breve termine, usa le tue affermazioni fino a quando non lo hai raggiunto. Ricorda che l'universo ascolta tutto, quindi fai attenzione alle tue affermazioni. Le parole sono discorsi orali o scritti che hanno un grande peso nella tua vita.

Non usare parole negative. Invece di "non ho soldi", usa " **VOGLIO** essere ricco". L'universo non comprende i pensieri negativi, solo i "pensieri positivi" vengono inviati all'universo e inviano il messaggio corretto. La ripetizione crea abitudini e il tuo subconscio si allineerà ai tuoi desideri.

 MILLIONALLY

Come iniziare

Possiamo cambiare positivamente noi stessi cambiando il nostro pensiero e le nostre convinzioni. I pensieri sono come magneti, hanno il potere di attrarre secondo la loro vibrazione.

Ciò che affermiamo a noi stessi su base giornaliera conferma come ci sentiamo e come viviamo la vita. Uno dei modi più potenti per creare la vita e la ricchezza che vogliamo è attraverso le affermazioni.

Un modo efficace per iniziare a utilizzare le affermazioni per l'empowerment finanziario è quello di scriverle su una foglioe leggerle durante il giorno. Più le pratichi, più profonde saranno le nuove credenze. I periodi migliori per rivedere le tue affermazioni sono la prima cosa al mattino,

durante il giorno e prima di andare a dormire. Dopo esserti rilassato in uno stato d'animo profondo, calmo e meditativo, immagina di essere già diventato ricco e di saper gestire i tuoi soldi. Immagina l'ambiente fisico in cui ti piacerebbe essere, la casa in cui ti piacerebbe essere, le molte cifre del tuo conto e la giusta ricompensa finanziaria per i tuoi sforzi lavorativi. Aggiungi qualsiasi altro dettaglio essenziale per te, come le bollette che vuoi pagare, la quantità di denaro che vuoi guadagnare mensilmente e così via. Cerca di sentire in te stesso che ciò è possibile; sperimentalo come se stesse già accadendo. In breve, immaginalo esattamente come vorresti che fosse, come se lo fosse già. Cerca di stare di fronte a uno specchio e usa le affermazioni mentre ti guardi negli occhi. Se puoi, ripetili ad alta voce con passione. Questo è un modo potente per cambiare le tue convinzioni limitanti molto rapidamente.

Se si fatica a credere ad unaaffermazione, aggiungi " Io scelgo". "Ho scelto di gestire correttamente le mie finanze"o "Ho scelto di acquisire potere finanziario e diventare ricco".

Allega emozioni positive alle tue affermazioni. Considera in che modo raggiungere il tuo obiettivo ti farà sentire o considera quanto è bello sapere che stai assicurando il tuo futuro finanziario. L'emozione è un carburante che rende le affermazioni più potenti.

Se non vuoi che le persone sappiano delle tue richieste di potenziamento finanziario, inserisci i tuoi promemoria in luoghi discreti. Ricorda, tuttavia, che è essenziale vederli frequentemente altrimenti non ti saranno utili.

Se ti ritrovi semplicemente a ripetere le parole nelle tue affermazioni, invece di

concentrarti sul loro significato, cambia le affermazioni. Sei in grado di affermare gli stessi obiettivi o caratteristiche naturalmente, ma riformulare le tue affermazioni può rigenerare la loro efficacia.

Chiedi ai tuoi amici di raccontarti una versione delle loro dichiarazioni, ad esempio "Lolita, stai davvero imparando a gestire i tuoi soldi. Devi sentirti benissimo". Le affermazioni di sé sono preziose così come ti liberano dalla dipendenza dall'approvazione degli altri, ma le affermazioni degli altri possono essere buone tanto quanto i pensierinegativi degli altri, dannosi.

La gratitudine è un'affermazione molto potente e un esempio di ciò può essere quello che dice quanto segue: " Mi piace la ricchezza che ho nella mia vita e confido che ne arriveranno altre ".

 MILLIONALLY

Affermazione della mentalità milionaria

Ho una mentalità milionaria, i soldi mi arrivano

Quali segreti conoscono i ricchi? Che tipo di poteri mistici hanno? La risposta è semplice: tutto sta nel modo in cui pensano. Gli individui ricchi hanno una mentalità milionaria. È questo modo di pensare che separa le personedi successo dal resto della popolazione.

Il subconscio è molto potente. È molto più potente della tua mente cosciente. Può aiutarti a realizzare il tuo sogno o impedirti di raggiungere il successo che desideri negli affari e nella vita.

 MILLIONALLY

Ci sono cose che puoi fare oggi che potrebbero alterare il tuo pensiero e darti potere finanziario. Accetta la responsabilità assoluta per tutto ciò che accade nella tua vita. Smetti di incolpare gli altri per tutti i tuoi problemi. Concentrati sugli aspetti positivi, attira qualsiasi cosa a cui presti attenzione. Ciò significa che se ti concentri su ciò che vuoi, alla fine lo otterrai.

Stai cercando di diventare ricco spendendo cinquanta o più ore settimanali facendo qualcosa che odi? Puoi avere successo nella vita solo se fai quello che ti piace. Per avere veramente successo, devi scoprire la tua voce e fare la tua strada.

Ama te stesso. Confida di avere lo stesso diritto di essere felice come gli altri. Abbi fiducia nel fatto che non meriti altro che il meglio che la vita ha da offrire e sarai sicuramente ricco.

MILLIONALLY

Non essere mai geloso del successo degli altri. Se vedi qualcuno con un'auto elegante o una bella casa, dì qualcosa del tipo " Buon per lui !". Essere geloso o invidioso impedirà solo che denaro e ricchezza entrino nella tua vita.

Vuoi diventare ricco? Vuoi cambiare la tua situazione attuale? Prima di tutto, devi creare una mentalità milionaria seguendo le istruzioni sopra. Presto inizieranno a verificarsi miracoli nella tua vita e le benedizioni di ricchezza e abbondanza inizieranno a fluire.

 MILLIONALLY

Affermazione della determinazione del reddito

Raggiungimento degli obiettivi di reddito

Tutti noi sogniamo di raggiungere il nostro reddito ideale, ma senza un piano e un'azione rimarranno come semplici sogni.

Questa sezione contiene un paio di passaggi principali per raggiungere i tuoi obiettivi e raggiungere il livello di reddito desiderato:

1- Visualizza dove vorresti essere tra un anno.

2- Visualizza il livello specifico di attività che desideri e quali caratteristiche avrà. Scegli un'attività che è realistica in termini di

entrate o profitti che desideri. Visualizza il più specifico possibile.

3- Visualizza l'ambiente, ovvero immagina i tuoi clienti o membri del team ideali. Rendi la visualizzazione del tuo ideale una routine quotidiana.

4- Tracciai passi che dovrai compiere per essere ovunque vuoi in un anno.

5- Pensa agli ostacoli e ai modi in cui li supererai.

6- Distingui i tuoi pensieri negativi verso il raggiungimento della tua attività e del reddito pianificato. Quando ti rendi conto dei pensieri che possono limitare i tuoi progressi, puoi controllarli e sconfiggerli.

7- Adotta misure per raggiungere i tuoiobiettivi e pianifica per ottenere il meglio da ciò che limita il proprio potenziale.

Elabora un piano scritto di ciò che serve per essere dove vuoi essere. Quando immagini, visualizza l'ideale, quando pianifichi, fallo con passaggi e azioni veramente concreti e segulii fino in fondo. Segui deimentori e chiedi consiglio a chi si trova nella posizione che desideri.

I mentori possono anche essere coloro che sono fuori dal percorso aziendale prescelto e che ti aiuteranno a essere il migliore. Studia il contenuto motivazionale e mantieni una prospettiva positiva.

 MILLIONALLY

Affermazione di attrazione

Attiro nuovi affari e opportunità per me ogni giorno

Milioni di persone hanno sentito parlare della legge di attrazione, una teoria intrinseca al " pensiero positivo " . Sebbene sia un fenomeno abbastanza recente, i pensatori spirituali affermano di aver esaminato i concetti per anni.

La legge di attrazione è che il nostro pensiero ci porta e ci impartisce tutto ciò che pensiamo. È come se ogni volta che pensiamo, ogni volta che pronunciamo una parola, l'universo ci ascolta e ci risponde.

La negatività può impedirti di ricevere le cose che desideri nella vita. In alternativa, sei

in grado di trasformarela tua vita rimanendo positivo. Devi iniziare a dire cose che ti fanno sentire davvero bene con te stesso, come: "Mi piace quello che sono", "Mi piace la vita". Devi capire che non lo otterrai il giorno in cui inizierai, ma se pianti il seme del bene e lo innaffi e vai avanti con le affermazioni, le cose inizieranno a trasformarsi. Sappi cosa vuoi e chiedi all'universo. Qui è dove devi essere chiaro su ciò che vorresti creare e visualizzare ciò che desideri come vero.

Senti e agisci come se l'oggetto del tuo desiderio fosse sulla strada. Focalizza i tuoi pensieri e il tuo linguaggio su ciò che vorresti attirare. Senti la sensazione di sapere veramente che quello che vuoi è sulla buona strada.

Sii ospitale nel riceverlo. Presta attenzione ai messaggi, tempistiche esegni intuitivi dell'Universo per aiutarti lungo il percorso a garanzia di essere sulla strada "giusta". Man

mano che sviluppi le tue affermazioni positive, l'universo ti porterà gloria.

 MILLIONALLY

Affermazioni come magnete per i contanti

Sono una calamita che attira denaro!

Prendi un dollaro dalla tasca. Nota l'inchiostro verde e il numero in ogni angolo. È un pezzo di carta coninchiostro, un paio di simboli numerati, tutto qui. Gli individui lavorano a morte per ottenere questi fogliverdi. Molti vivono in estrema povertà, tutto a causa del modo in cui vedono il Libro verde.

Molti non riconoscono che il denaro è energia. Tutto nel cosmo lo è. Comprendiamo che le cose sono diverse poiché queste energie vibrano a varie frequenze. Il denaro non è immune da questa legge generale. Quando le due energie sono armoniche, si

attraggono. In caso contrario, si respingono a vicenda. Ecco perchéci sono così tanti poveri. Non sono armonizzati con il denaro, quindi ne bloccano il flusso nella loro vita. Per attirare denaro devi essere in armonia con esso.

Sviluppiamo pensieri o li accettiamo da una fonte esterna, li connotiamodi emozione e li attacchiamonel subconscio. Inviamo impulsi a cui l'Universo risponde. Il duro lavoro è considerato normale. Sei inconsciamente disciplinato nel credere che il lavoro sia il mezzo attraverso il quale guadagni denaro. Più lavori, più soldi ricevi. Gli individui non sonodestinati a lavorare venti ore al giorno. Inoltre, non hanno dovuto sacrificarsi per svolgere tre lavori. Dio non ci ha dato un tempo limitato qui sulla terra per lavorare come schiavi. Non con il nostro potere mentale.

Non voglio sminuire l'idea del lavoro. Pensando, riceviamo ciò che vogliamo. Con

l'azione lo riceviamo. Teoricamente abbiamo la capacità di manifestare denaro o tutto ciò che vogliamo se siamo in perfetta armonia con il cosmo. Lavora, ma non sentirti mai obbligato a lavorare o a lavorare per ottenere denaro. Questo crea un canale per la ricchezza: il tuo lavoro. L'universo ha innumerevoli canali. Trascorri del tempo al lavoro, ma passa anche del tempo a pensare. Il tuo pensiero produce la tua realtà.

Il denaro scorrerà nella tua vita quando lo permetti. Se il tuo flusso monetario è basso, stai interrompendo quel flusso. Hai idee negative sul denaro. Forse pensi che sia un male. O che devi lavorare sodo per ottenerlo. Ci sono credenze più restrittive sui contanti di quelle che posso elencare qui. I pensieri negativi bloccano il flusso di energia. I pensieri positivi lasciano fluire l'energia. Quando sei a conoscenza di credenze limitanti, puoi limitarti. La chiave è scoprirli.

 MILLIONALLY

I contanti sono una specie di energia, proprio come te. Quando queste due energie sono in armonia, le possibilità sono illimitate. Non ci sono limiti nell'universo, solo quelli che gli individui creano per se stessi.

 MILLIONALLY

Reclamo facile

Guadagnare denaro è facile

A un certo punto della nostra vita ci è stato detto o sentito che se credi sinceramente in qualcosa, perseverae ciò accadrà.

Ora ci sono molte persone che non credono pienamente a quell'idea e poi ci sono quelli che dicono di praticarla, ma in realtà non la praticano, pensano solo di farlo. Poi c'è chi pratica sinceramente la Fede e ha un enorme successo. Ti sei mai chiesto perché o come lo fanno? Ci sono una serie di passaggi coinvolti nella convinzione e devi davvero avere tutto a posto prima che possa aiutarti a raggiungere i tuoi obiettivi.

 MILLIONALLY

Lascia che ti faccia un paio di domande facili:

1- Credi senza dubbio che puoi e avrai tutto ciò che vuoi nella vita?

2- Credi senza dubbio che verrai guidato alla situazione giusta al momento giusto?

3- Credi, senza dubbio, che c'è sempre un modo per raggiungere i tuoi obiettivi?

Se hai risposto "no" o "forse" ad una delle precedenti domande, allora non credi realmente e, di conseguenza, non otterrai ciò che vuoi; Credere richiede questa completa fiducia nel fatto che tutto funzionerà. Che farai la tua parte nel trovare soluzioni mentre ti fidi e sai che puoi e otterrai ciò che vuoi dalla vita. Quindi, come possiamo arrivare a quel livello? Devi arrivarci facendo piccoli passi. Inizia a stabilire piccoli obiettivi, anche con le cose che sai che accadranno, quindi fidati e lasciati andare. Puoi farlo quando sei

alla guida, fidati di arrivare a destinazione in tempo e fare un semplice viaggio di andata e ritorno. Vedi cosa succede dopo una settimana. Se perdi le chiavi, dì a te stesso che sai dove si trovano e confida che le troverai al momento giusto. Se non sei sicuro di una decisione che devi prendere, considera tutte le possibilità e poi dì a te stesso che stai prendendo la decisione giusta.

Dopo un po', per natura, lo considererai di nuovo e giungerai facilmente a una conclusione. La chiave è credere e lasciarsi andare. A volte devi distrarti per non preoccuparti. Preoccuparsi è l'opposto del credere, cioè non credere, quindi devo preoccuparmi - perché preoccupandomi posso fare di meglio - ma non puoi.

Ti consiglio di iniziare in piccolo in modo da poter sviluppare questa pratica. Come quando devono essere prese grandi decisioni, saprai che il processo funziona e non ti

preoccuperai, crederai di poter e fare quello che devi fare per raggiungere i tuoi obiettivi.

Questa procedura è così semplice eppure così potente, ma ci vuole tempo per prendere l'abitudine. Questa pratica del credere è vitale per il tuo successo finanziario. Senza di essa, tutto il resto che farai sarà insignificante alla fine.

Conclusione

Tutti vogliono avere **POTERE FINANZIARIO**. Questo è un obiettivo che molte persone hanno raggiunto e molte più persone vogliono raggiungere. Esistono molti modi per avere successo finanziario e ogni individuo ha la propria definizione di ricchezza. Indipendentemente da quale sia la tua definizione di ricchezza, le affermazioni possono aiutarti a raggiungere il tuo obiettivo.

Speriamo che questo ebook ti abbia fornito gli strumenti per avere una visione diversa dell'uso delle affermazioni per il potenziamento finanziario.

 MILLIONALLY

Visita la nostra pagina degli autori su Amazon! E ottenere più libri di MENTES LIBRES!

https://www.amazon.it/MENTES-LIBRES/e/B08274DDV4?ref_=dbs_p_ebk_r00_abau_000000

Se lo desiderate, potete lasciare il vostro commento su questo libro cliccando sul seguente link in modo che possiamo continuare a crescere! Grazie mille per il vostro acquisto!

https://www.amazon.it/dp/B089NXKL84

www.ingramcontent.com/pod-product-compliance
Lightning Source LLC
Chambersburg PA
CBHW050306220526
45465CB00002B/845